The Cat And The Lantern: Bilingual Italian-English Stories For Italian Language Learners

Pomme Bilingual

Published by Pomme Bilingual, 2024.

While every precaution has been taken in the preparation of this book, the publisher assumes no responsibility for errors or omissions, or for damages resulting from the use of the information contained herein.

THE CAT AND THE LANTERN: BILINGUAL ITALIAN-ENGLISH STORIES FOR ITALIAN LANGUAGE LEARNERS

First edition. July 11, 2024.

ISBN: 979-8227470539

Written by Pomme Bilingual.

Table of Contents

Il Sogno di Pippo

In una piccola città toscana, immersa tra colline verdi e vigneti dorati, viveva un uccellino di nome Pippo. Pippo non era un uccellino come gli altri: il suo piumaggio splendeva di colori sgargianti e le sue piume sembravano dipinte con i toni dell'arcobaleno. La sua particolarità, però, non risiedeva solo nel suo aspetto, ma soprattutto nel suo sogno di volare oltre l'orizzonte, verso terre sconosciute e misteriose.

Pippo viveva su un antico cipresso che dominava la piazza principale del paese. Da lassù, osservava ogni giorno le attività degli abitanti: i bambini che giocavano a rincorrersi, le nonne che chiacchieravano sui gradini delle case, i venditori ambulanti che richiamavano i clienti con le loro voci stentoree. Pippo amava quella piccola comunità, ma sentiva che il mondo aveva in serbo per lui avventure più grandi.

Una sera, mentre il sole tramontava e il cielo si tingeva di rosso e arancione, Pippo decise che era giunto il momento di partire. Salutò i suoi amici pennuti e spiegò le ali, lasciandosi trasportare dal vento caldo del sud. Volò sopra le colline e i fiumi, oltrepassando città e villaggi, fino a quando le luci del paese divennero solo un ricordo lontano.

Durante il suo viaggio, Pippo incontrò molti altri uccelli, ognuno con la propria storia e i propri sogni. Conobbe un vecchio gufo saggio che gli raccontò delle antiche foreste del nord, un pappagallo chiacchierone che aveva visto i colori vivaci delle giungle sudamericane, e un'aquila maestosa che gli parlò delle vette innevate delle Alpi. Ognuno di loro contribuì a rendere il viaggio di Pippo ancora più affascinante e indimenticabile.

Una notte, mentre Pippo riposava su un ramo di un grande albero in una foresta sconosciuta, ebbe un sogno. Sognò un giardino incantato, pieno di fiori dai mille colori e animali che vivevano in perfetta armonia. Al centro del giardino, su un alto albero dorato, c'era un nido splendente che sembrava fatto di luce. Pippo sentì un richiamo irresistibile verso quel luogo e, al suo risveglio, decise di cercarlo.

Guidato dal ricordo del sogno, Pippo volò per giorni e notti, attraversando paesaggi mozzafiato e superando innumerevoli ostacoli. Alla fine, giunse in una valle nascosta, dove trovò il giardino dei suoi sogni. Era esattamente come lo aveva immaginato: fiori dai colori intensi, ruscelli cristallini e creature che vivevano in armonia. Al centro, l'albero dorato brillava sotto il sole, e il nido di luce lo attendeva.

Pippo si posò delicatamente sul nido, sentendo una pace profonda avvolgerlo. Capì che aveva trovato il suo posto nel mondo, un luogo dove poteva essere se stesso e vivere felice. Gli altri abitanti del giardino lo accolsero con calore, riconoscendo in lui un'anima gentile e coraggiosa. Pippo trascorse il resto dei suoi giorni nel giardino incantato, esplorando ogni angolo e condividendo le sue avventure con nuovi amici.

E così, il piccolo uccellino dai colori dell'arcobaleno, che un tempo viveva su un cipresso in una piazza toscana, trovò il suo posto nel mondo, realizzando il suo sogno di scoprire terre sconosciute e vivere avventure straordinarie. Ogni tanto, quando il vento soffiava dalla valle nascosta, gli abitanti della piccola città toscana potevano sentire un canto melodioso che parlava di sogni, coraggio e libertà. Era il canto di Pippo, che ricordava loro che, a volte, seguire i propri sogni può portare a scoprire meraviglie inaspettate.

Pippo's Dream

In a small Tuscan town, nestled among green hills and golden vineyards, lived a little bird named Pippo. Pippo was not an ordinary bird: his feathers shone with vibrant colors, and his plumage seemed painted with the hues of the rainbow. His uniqueness, however, lay not only in his appearance but also in his dream of flying beyond the horizon, towards unknown and mysterious lands.

Pippo lived on an ancient cypress tree that overlooked the town's main square. From up there, he watched the daily activities of the inhabitants: children playing tag, grandmothers chatting on the steps of their houses, and street vendors calling out to customers with their loud voices. Pippo loved that small community but felt that the world had bigger adventures in store for him.

One evening, as the sun was setting and the sky turned shades of red and orange, Pippo decided it was time to leave. He bid farewell to his feathered friends and spread his wings, letting himself be carried by the warm southern wind. He flew over hills and rivers, passing cities and villages until the lights of the town became just a distant memory.

During his journey, Pippo met many other birds, each with its own story and dreams. He met an old wise owl who told him about the ancient forests of the north, a chatty parrot who had seen the vivid colors of the South American jungles, and a majestic eagle who spoke of the snowy peaks of the Alps. Each of them contributed to making Pippo's journey even more fascinating and unforgettable.

One night, while Pippo was resting on a branch of a large tree in an unknown forest, he had a dream. He dreamed of an enchanted garden, full of flowers of a thousand colors and animals living in perfect harmony. At the center of the garden, on a tall golden tree, there was a shining nest that seemed made of light. Pippo felt an irresistible pull towards that place, and upon waking up, he decided to search for it.

Guided by the memory of the dream, Pippo flew for days and nights, crossing breathtaking landscapes and overcoming countless obstacles. Finally, he reached a hidden valley where he found the garden of his dreams. It was exactly as he had imagined: flowers in intense colors, crystal-clear streams, and creatures living in harmony. In the center, the golden tree shone under the sun, and the nest of light awaited him.

Pippo gently perched on the nest, feeling a deep peace envelop him. He realized he had found his place in the world, a place where he could be himself and live happily. The other inhabitants of the garden welcomed him warmly, recognizing in him a kind and courageous soul. Pippo spent the rest of his days in the enchanted garden, exploring every corner and sharing his adventures with new friends.

And so, the little rainbow-colored bird, who once lived on a cypress tree in a Tuscan town square, found his place in the world, fulfilling his dream of discovering unknown lands and living extraordinary adventures. Occasionally, when the wind blew from the hidden valley, the inhabitants of the small Tuscan town could hear a melodious song that spoke of dreams, courage, and freedom. It was Pippo's song, reminding them that sometimes, following one's dreams can lead to discovering unexpected wonders.

Il Mistero della Tazza di Caffè

In una piccola cittadina italiana, nota per la sua quiete e il suo ritmo di vita tranquillo, si trovava un caffè particolare, il Caffè Paradiso. Questo caffè era il cuore pulsante del paese, un luogo dove gli abitanti si incontravano per chiacchierare, leggere il giornale, o semplicemente osservare il mondo che passava. Il proprietario del caffè, il signor Giovanni Rossi, era un uomo di mezza età, sempre sorridente e con una passione smisurata per il caffè.

Un giorno, un misterioso viaggiatore fece la sua comparsa al Caffè Paradiso. Si trattava di un uomo alto, con capelli brizzolati e occhi che sembravano aver visto molte cose. Si presentò come il signor Marco Ferrari e ordinò una tazza di caffè, specificando che voleva qualcosa di speciale, qualcosa che non aveva mai provato prima. Il signor Rossi, con il suo tipico sorriso enigmatico, gli preparò una tazza di caffè utilizzando una miscela segreta, un'antica ricetta tramandata di generazione in generazione nella sua famiglia.

Il signor Ferrari prese un sorso e rimase immediatamente colpito. Non era solo il sapore del caffè a stupirlo, ma una sensazione indescrivibile che lo pervase. Ogni sorso lo trasportava in un luogo diverso, facendogli rivivere ricordi dimenticati e suscitando emozioni profonde. Incapace di trattenersi, chiese al signor Rossi quale fosse il segreto di quel caffè, ma il proprietario sorrise e disse: "Ogni tazza di questo caffè racconta una storia. La tua storia."

Intrigato e un po' scettico, il signor Ferrari decise di indagare. Tornò ogni giorno al Caffè Paradiso, ordinando sempre la stessa tazza di caffè, e ogni volta viveva un'esperienza diversa. Rivide il suo primo amore, rivisse la gioia del giorno in cui nacque suo figlio, e perfino sentì il dolore della perdita di un caro amico. Ogni tazza di caffè era una finestra sul suo passato, un modo per riconsiderare la sua vita e le sue scelte.

Ma il mistero non finiva qui. Un giorno, mentre sorseggiava il suo caffè, il signor Ferrari notò un dettaglio che gli era sfuggito fino ad allora: sul fondo della tazza, appariva una piccola scritta, come incisa nella ceramica. "Guarda oltre ciò che vedi," diceva. Deciso a scoprire il significato di quella frase, iniziò a osservare più attentamente tutto ciò che lo circondava.

Scoprì che ogni persona nel caffè sembrava vivere una storia simile alla sua. Un'anziana signora sorrideva dolcemente mentre beveva il suo caffè, probabilmente rivivendo un momento felice della sua giovinezza. Un giovane artista prendeva appunti frenetici, ispirato da visioni che solo lui poteva vedere. Tutti sembravano essere parte di un grande mosaico di vite intrecciate, unite da quella straordinaria bevanda.

Deciso a saperne di più, il signor Ferrari iniziò a parlare con gli altri avventori del caffè. Scoprì storie di amore e perdita, di speranza e rimpianto, tutte legate a quella tazza di caffè. Ogni persona sembrava trovare nel caffè una sorta di rivelazione, un modo per riconciliarsi con il proprio passato e trovare nuova forza per il futuro.

Ma il mistero della tazza di caffè aveva ancora una rivelazione finale da offrire. Un giorno, il signor Rossi decise di condividere con il signor Ferrari la storia della sua famiglia e della ricetta segreta. Raccontò di come suo nonno, un alchimista del caffè, avesse scoperto la formula per creare un caffè che non solo deliziasse il palato, ma anche l'anima. "Il segreto," disse il signor Rossi, "non è negli ingredienti, ma nell'intenzione. Ogni tazza è preparata con amore e attenzione, con il desiderio di offrire un momento di riflessione e connessione."

Il signor Ferrari capì allora che il vero potere di quella tazza di caffè non era nel suo sapore, ma nella sua capacità di creare legami umani, di far emergere ciò che di più profondo e autentico c'era nelle persone. Decise di restare nella piccola cittadina e contribuire a quella magia, aiutando il signor Rossi a gestire il Caffè Paradiso e a diffondere il messaggio che aveva scoperto.

E così, il Caffè Paradiso divenne ancora più famoso, non solo per il suo caffè eccezionale, ma anche per l'atmosfera unica che vi si respirava. Le persone venivano da lontano per vivere l'esperienza di una tazza di caffè che poteva cambiare la loro vita, anche solo per un momento. Il signor Ferrari, con il suo passato misterioso e il suo nuovo scopo, divenne parte integrante di quella comunità, trovando finalmente il suo posto nel mondo.

The Mystery of the Coffee Cup

In a small Italian town, known for its tranquility and slow pace of life, there was a particular café called Caffè Paradiso. This café was the beating heart of the town, a place where residents gathered to chat, read the newspaper, or simply watch the world go by. The owner of the café, Mr. Giovanni Rossi, was a middle-aged man, always smiling and with a boundless passion for coffee.

One day, a mysterious traveler appeared at Caffè Paradiso. He was a tall man with graying hair and eyes that seemed to have seen many things. He introduced himself as Mr. Marco Ferrari and ordered a cup of coffee, specifying that he wanted something special, something he had never tried before. Mr. Rossi, with his typical enigmatic smile, prepared him a cup of coffee using a secret blend, an ancient recipe passed down through generations in his family.

Mr. Ferrari took a sip and was immediately struck. It wasn't just the taste of the coffee that amazed him, but an indescribable sensation that enveloped him. Each sip transported him to a different place, making him relive forgotten memories and stirring deep emotions. Unable to contain himself, he asked Mr. Rossi what the secret of that coffee was, but the owner smiled and said, "Every cup of this coffee tells a story. Your story."

Intrigued and a bit skeptical, Mr. Ferrari decided to investigate. He returned every day to Caffè Paradiso, always ordering the same cup of coffee, and each time he had a different experience. He relived his first love, felt the joy of the day his son was born, and even experienced the pain of losing a dear friend. Each cup of coffee was a window into his past, a way to reconsider his life and choices.

But the mystery didn't end there. One day, while sipping his coffee, Mr. Ferrari noticed a detail that had escaped him until then: at the bottom of the cup, a small inscription appeared, as if etched into the ceramic. "Look beyond what you see," it said. Determined to uncover the meaning of that phrase, he began to observe everything around him more closely.

He discovered that every person in the café seemed to be living a similar story. An elderly lady smiled sweetly as she drank her coffee, probably reliving a happy moment from her youth. A young artist took frantic notes, inspired by visions only he could see. Everyone seemed to be part of a great mosaic of intertwined lives, united by that extraordinary beverage.

Determined to learn more, Mr. Ferrari began talking to the other patrons of the café. He discovered stories of love and loss, hope and regret, all linked to that cup of coffee. Each person seemed to find in the coffee a sort of revelation, a way to reconcile with their past and find new strength for the future.

But the mystery of the coffee cup had one final revelation to offer. One day, Mr. Rossi decided to share with Mr. Ferrari the story of his family and the secret recipe. He told of how his grandfather, a coffee alchemist, had discovered the formula to create a coffee that delighted not only the palate but also the soul. "The secret," said Mr. Rossi, "is not in the ingredients but in the intention. Every cup is prepared with love and care, with the desire to offer a moment of reflection and connection."

Mr. Ferrari then understood that the true power of that cup of coffee was not in its taste but in its ability to create human connections, to bring out what was deepest and most authentic in people. He decided to stay in the small town and contribute to that magic, helping Mr. Rossi run Caffè Paradiso and spread the message he had discovered.

And so, Caffè Paradiso became even more famous, not only for its exceptional coffee but also for the unique atmosphere that pervaded it. People came from far away to experience a cup of coffee that could change their lives, even if just for a moment. Mr. Ferrari, with his mysterious past and new purpose, became an integral part of that community, finally finding his place

La Storia di Giulia e il Giardino dei Segreti

Nella tranquilla cittadina di Montefiore, incastonata tra le colline della Toscana, viveva una donna di nome Giulia. Montefiore era un luogo dove il tempo sembrava scorrere più lentamente, con le sue strade acciottolate, le case in pietra e i campi di girasoli che ondeggiavano al ritmo del vento. Giulia era una bibliotecaria, una custode di storie antiche e moderne, e la sua passione per i libri la rendeva una figura benvoluta nella comunità.

Un giorno, mentre sistemava vecchi volumi nella biblioteca comunale, Giulia trovò un libro diverso dagli altri. Era un manoscritto antico, rilegato in pelle con intricate decorazioni dorate. Non c'era un titolo, solo una frase incisa sul frontespizio: "Per chi cerca, troverà." Incuriosita, Giulia iniziò a leggere.

Il manoscritto raccontava la storia di un giardino segreto, nascosto da qualche parte nelle vicinanze di Montefiore. Secondo il libro, il giardino era stato creato da un antico alchimista, che aveva piantato piante e fiori rari dai poteri misteriosi. Ma non era solo un giardino di meraviglie botaniche; si diceva che chiunque trovasse il giardino avrebbe scoperto anche i segreti più profondi della propria anima.

Affascinata dalla leggenda, Giulia decise di mettersi alla ricerca del giardino. Con il manoscritto come guida, iniziò a esplorare i dintorni di Montefiore, seguendo i piccoli indizi lasciati dall'alchimista. Ogni giorno, dopo il lavoro in biblioteca, si avventurava nei boschi e nei campi, parlando con gli abitanti più anziani del paese, che ricordavano storie di gioventù legate al giardino segreto.

Le sue ricerche la portarono infine a una vecchia mappa nascosta nelle pagine del manoscritto. La mappa indicava un luogo fuori dal comune sentiero, un angolo remoto del bosco che nessuno sembrava conoscere. Con il cuore che batteva forte per l'emozione, Giulia si incamminò verso la destinazione segnata.

Dopo ore di cammino, finalmente trovò una piccola radura nascosta tra gli alberi. Al centro della radura, c'era un portale di pietra ricoperto di muschio, con antiche iscrizioni in una lingua sconosciuta. Sentendo una strana energia provenire dal portale, Giulia si avvicinò e, con un tocco delicato, aprì la pesante porta di legno.

Di fronte a lei si aprì un giardino straordinario, come nulla che avesse mai visto prima. I fiori emanavano un bagliore etereo, e l'aria era pervasa da profumi inebrianti. Ogni pianta sembrava avere una vita propria, danzando al ritmo di una musica silenziosa. Giulia sentì un senso di pace e meraviglia mentre camminava tra i sentieri fioriti.

Mentre esplorava il giardino, Giulia trovò un piccolo stagno al centro, le cui acque cristalline riflettevano il cielo sopra di lei. Sedette su una panchina di pietra vicino allo stagno e chiuse gli occhi, lasciandosi avvolgere dalla serenità del luogo. Fu allora che una voce dolce e antica le parlò.

"Benvenuta, Giulia," disse la voce. "Sei giunta fin qui perché il giardino ha riconosciuto la tua anima in cerca di verità. Ogni fiore, ogni pianta qui racchiude un segreto, una lezione che solo tu puoi comprendere."

Giulia aprì gli occhi e vide una figura eterea, una donna dai capelli dorati e occhi profondi come il mare. "Sono l'alchimista che ha creato questo giardino," spiegò la donna. "Ho dedicato la mia vita a coltivare la conoscenza e a proteggere i segreti della natura. Ora, è il tuo turno di scoprire ciò che cerchi."

Giulia trascorse giorni interi nel giardino, imparando dalle piante e dai fiori. Ogni specie aveva una storia da raccontare, un insegnamento da impartire. C'era il fiore della saggezza, che le mostrava visioni del passato e del futuro; l'erba della guarigione, che curava ferite fisiche ed emotive; e l'albero della memoria, che custodiva ricordi dimenticati.

Con il tempo, Giulia comprese che il vero segreto del giardino non era solo nelle sue piante magiche, ma nella connessione profonda con la natura e con se stessa. Scoprì che le risposte che cercava erano sempre state dentro di lei, nascoste sotto strati di dubbi e paure. Il giardino le insegnò a guardare oltre le apparenze, a trovare bellezza e saggezza anche nelle cose più semplici.

Quando finalmente decise di lasciare il giardino, Giulia sapeva di non essere più la stessa. Portava con sé una nuova consapevolezza, una pace interiore che nulla poteva scalfire. Tornò a Montefiore e condivise le sue esperienze con gli abitanti, aprendo un piccolo orto botanico nel cuore del paese, dove insegnava ai bambini e agli adulti l'importanza di rispettare e comprendere la natura.

Il giardino segreto rimase un luogo sacro, accessibile solo a chi era pronto a cercare e a scoprire la verità dentro di sé. E così, la leggenda dell'alchimista e del suo giardino continuò a vivere, tramandata di generazione in generazione, un faro di saggezza e speranza per tutti coloro che desideravano trovare il loro vero cammino.

The Story of Giulia and the Garden of Secrets

In the quiet town of Montefiore, nestled among the hills of Tuscany, lived a woman named Giulia. Montefiore was a place where time seemed to pass more slowly, with its cobbled streets, stone houses, and fields of sunflowers swaying to the rhythm of the wind. Giulia was a librarian, a keeper of ancient and modern stories, and her passion for books made her a beloved figure in the community.

One day, while organizing old volumes in the communal library, Giulia found a book different from the others. It was an ancient manuscript, bound in leather with intricate golden decorations. There was no title, only a phrase engraved on the frontispiece: "For those who seek, will find." Intrigued, Giulia began to read.

The manuscript told the story of a secret garden, hidden somewhere near Montefiore. According to the book, the garden was created by an ancient alchemist, who had planted rare plants and flowers with mysterious powers. But it was not just a garden of botanical wonders; it was said that whoever found the garden would also discover the deepest secrets of their soul.

Fascinated by the legend, Giulia decided to search for the garden. With the manuscript as her guide, she began exploring the surroundings of Montefiore, following the small clues left by the alchemist. Every day, after her work at the library, she ventured into the woods and fields, talking to the oldest inhabitants of the town, who remembered youthful stories related to the secret garden.

Her research finally led her to an old map hidden within the pages of the manuscript. The map pointed to a place off the common path, a remote corner of the forest that no one seemed to know. With her heart pounding with excitement, Giulia set out for the marked destination.

After hours of walking, she finally found a small clearing hidden among the trees. In the center of the clearing, there was a moss-covered stone portal with ancient inscriptions in an unknown language. Feeling a strange energy emanating from the portal, Giulia approached and, with a gentle touch, opened the heavy wooden door.

Before her, an extraordinary garden unfolded, unlike anything she had ever seen. The flowers emitted an ethereal glow, and the air was filled with intoxicating scents. Every plant seemed to have a life of its own, dancing to the rhythm of silent music. Giulia felt a sense of peace and wonder as she walked among the flowered paths.

As she explored the garden, Giulia found a small pond at the center, its crystal-clear waters reflecting the sky above. She sat on a stone bench near the pond and closed her eyes, letting herself be enveloped by the serenity of the place. It was then that a sweet, ancient voice spoke to her.

"Welcome, Giulia," said the voice. "You have come here because the garden has recognized your soul in search of truth. Every flower, every plant here holds a secret, a lesson that only you can understand."

Giulia opened her eyes and saw an ethereal figure, a woman with golden hair and eyes as deep as the sea. "I am the alchemist who created this garden," the woman explained. "I dedicated my life to cultivating knowledge and protecting the secrets of nature. Now, it is your turn to discover what you seek."

Giulia spent entire days in the garden, learning from the plants and flowers. Each species had a story to tell, a lesson to impart. There was the flower of wisdom, which showed her visions of the past and future; the herb of healing, which healed physical and emotional wounds; and the tree of memory, which held forgotten memories.

Over time, Giulia understood that the true secret of the garden was not only in its magical plants but in the deep connection with nature and herself. She discovered that the answers she sought had always been within her, hidden under layers of doubt and fear. The garden taught her to look beyond appearances, to find beauty and wisdom even in the simplest things.

When she finally decided to leave the garden, Giulia knew she was no longer the same. She carried with her a new awareness, an inner peace that nothing could shake. She returned to Montefiore and shared her experiences with the townspeople, opening a small botanical garden in the heart of the town, where she taught children and adults the importance of respecting and understanding nature.

The secret garden remained a sacred place, accessible only to those who were ready to seek and discover the truth within themselves. And so, the legend of the alchemist and her garden continued to live on, passed down from generation to generation, a beacon of wisdom and hope for all those who wished to find their true path.

Il Gatto e la Lanterna

Nella tranquilla cittadina di San Rinaldo, situata sulle rive di un lago cristallino, la vita scorreva lenta e serena. Gli abitanti conoscevano ogni angolo del paese e ogni volto, e le giornate erano scandite dai rintocchi del campanile e dal canto degli uccelli. Ma c'era un luogo in particolare che suscitava la curiosità e la meraviglia di tutti: la casa di Francesca, un'anziana signora che viveva in una villa antica ai margini del paese.

Francesca era conosciuta per la sua saggezza e gentilezza, ma anche per il suo amico inseparabile, un gatto nero di nome Silvestro. Silvestro non era un gatto comune. Aveva un'aria misteriosa e uno sguardo che sembrava penetrare l'anima. Si diceva che avesse almeno nove vite, e forse anche di più, dato che nessuno riusciva a ricordare un tempo in cui Silvestro non fosse stato al fianco di Francesca.

Un giorno, un giovane di nome Marco, appena trasferitosi a San Rinaldo, decise di fare visita a Francesca per conoscerla e chiedere consiglio su un problema che lo tormentava. Marco era un artista in cerca di ispirazione, ma da mesi ormai non riusciva a creare nulla di nuovo. Sentiva che la sua creatività era svanita e sperava che Francesca, con la sua saggezza, potesse aiutarlo.

Quando Marco arrivò alla villa, fu accolto calorosamente da Francesca e da Silvestro, che lo osservava con i suoi occhi magnetici. La casa era piena di oggetti antichi e misteriosi, e l'aria era pervasa da un leggero profumo di lavanda. Dopo aver raccontato il suo problema, Marco si sedette con Francesca nel giardino, sotto un grande albero di magnolia.

"Capisco il tuo dilemma," disse Francesca con un sorriso enigmatico. "Ma a volte, la risposta che cerchiamo è più vicina di quanto pensiamo. Hai mai ascoltato le storie che le cose intorno a te hanno da raccontare?"

Marco, confuso, scosse la testa. "Non so cosa intendi."

Francesca si girò verso Silvestro, che era seduto accanto a lei. "Silvestro può mostrarti la via," disse. "Questo gatto non è solo un compagno fedele. Ha visto e vissuto molte cose, e possiede una saggezza che pochi possono comprendere."

Con uno sguardo deciso, Silvestro si alzò e iniziò a camminare verso un angolo del giardino dove si trovava una vecchia lanterna appesa a un albero. La lanterna era decorata con intricati motivi cinesi e sembrava emanare una luce propria, anche se era giorno. Marco seguì il gatto, incuriosito da quella strana lanterna.

Quando Silvestro toccò la lanterna con la zampa, una luce brillante avvolse Marco, che si sentì trasportato in un altro mondo. Si ritrovò in un paesaggio onirico, dove colori vividi e suoni melodiosi lo circondavano. Silvestro era lì accanto a lui, guidandolo attraverso campi di fiori giganti e foreste incantate.

Durante il viaggio, Marco incontrò figure affascinanti e creature magiche, ognuna con una storia da raccontare. Ascoltò le leggende di antichi re e regine, di battaglie epiche e amori eterni. Ogni storia risvegliava in lui una parte dimenticata della sua creatività, riempiendo la sua mente di idee e immagini nuove.

Dopo quello che sembrava essere un'eternità, Marco si ritrovò di nuovo nel giardino di Francesca, con Silvestro accanto a lui. La lanterna era tornata a essere un semplice oggetto decorativo, ma Marco sentiva che qualcosa in lui era cambiato profondamente.

"Grazie," disse Marco a Francesca e a Silvestro. "Ora capisco. Le storie erano sempre intorno a me, dovevo solo imparare ad ascoltarle."

Francesca sorrise e annuì. "La vera ispirazione viene dal cuore, Marco. E Silvestro ti ha mostrato come trovarla. Ricorda, ogni cosa ha una storia, basta saper ascoltare."

Da quel giorno, Marco ritrovò la sua creatività e iniziò a dipingere come mai aveva fatto prima. Le sue opere erano piene di vita e magia, e raccontavano le storie che aveva ascoltato nel suo viaggio con Silvestro. San Rinaldo divenne famosa per i dipinti di Marco, e la casa di Francesca e il suo gatto nero divennero una leggenda locale.

Silvestro continuò a vivere accanto a Francesca, e ogni tanto guidava altre anime in cerca di risposte attraverso il mistero della lanterna. E così, la villa ai margini del paese rimase un luogo di magia e saggezza, dove le storie non smettevano mai di essere raccontate e la creatività trovava sempre nuova vita.

The Cat and the Lantern

In the quiet town of San Rinaldo, located on the shores of a crystal-clear lake, life flowed slowly and serenely. The inhabitants knew every corner of the town and every face, and the days were marked by the chimes of the bell tower and the song of the birds. But there was one place in particular that aroused everyone's curiosity and wonder: the house of Francesca, an elderly lady who lived in an old villa on the edge of town.

Francesca was known for her wisdom and kindness, but also for her inseparable friend, a black cat named Silvestro. Silvestro was not an ordinary cat. He had a mysterious air and a gaze that seemed to penetrate the soul. It was said that he had at least nine lives, and perhaps even more, as no one could remember a time when Silvestro had not been by Francesca's side.

One day, a young man named Marco, who had just moved to San Rinaldo, decided to visit Francesca to meet her and seek advice on a problem that was troubling him. Marco was an artist looking for inspiration, but for months he had been unable to create anything new. He felt that his creativity had vanished and hoped that Francesca, with her wisdom, could help him.

When Marco arrived at the villa, he was warmly welcomed by Francesca and Silvestro, who watched him with his magnetic eyes. The house was full of ancient and mysterious objects, and the air was filled with a slight scent of lavender. After recounting his problem, Marco sat with Francesca in the garden, under a large magnolia tree.

"I understand your dilemma," Francesca said with an enigmatic smile. "But sometimes, the answer we seek is closer than we think. Have you ever listened to the stories that the things around you have to tell?"

Marco, confused, shook his head. "I don't know what you mean."

Francesca turned to Silvestro, who was sitting next to her. "Silvestro can show you the way," she said. "This cat is not just a faithful companion. He has seen and experienced many things and possesses a wisdom that few can comprehend."

With a determined look, Silvestro stood up and began walking towards a corner of the garden where an old lantern hung from a tree. The lantern was decorated with intricate Chinese motifs and seemed to emanate its own light, even though it was daytime. Marco followed the cat, intrigued by the strange lantern.

When Silvestro touched the lantern with his paw, a bright light enveloped Marco, who felt transported to another world. He found himself in a dreamlike landscape, where vivid colors and melodious sounds surrounded him. Silvestro was there beside him, guiding him through fields of giant flowers and enchanted forests.

During the journey, Marco met fascinating figures and magical creatures, each with a story to tell. He listened to legends of ancient kings and queens, epic battles, and eternal loves. Each story awakened in him a forgotten part of his creativity, filling his mind with new ideas and images.

After what seemed like an eternity, Marco found himself back in Francesca's garden, with Silvestro beside him. The lantern had returned to being a simple decorative object, but Marco felt that something in him had profoundly changed.

"Thank you," Marco said to Francesca and Silvestro. "Now I understand. The stories were always around me; I just had to learn to listen to them."

Francesca smiled and nodded. "True inspiration comes from the heart, Marco. And Silvestro has shown you how to find it. Remember, everything has a story; you just need to know how to listen."

From that day on, Marco rediscovered his creativity and began painting as he never had before. His works were full of life and magic, telling the stories he had heard during his journey with Silvestro. San Rinaldo became famous for Marco's paintings, and Francesca's house and her black cat became a local legend.

Silvestro continued to live by Francesca's side, and every now and then, he guided other souls in search of answers through the mystery of the lantern. And so, the villa on the edge of town remained a place of magic and wisdom, where stories never ceased to be told and creativity always found new life.

Il Ponte dei Colori

Nella pittoresca cittadina di Coloretta, famosa per le sue case dai colori vivaci e i giardini fioriti, la vita scorreva con una serenità quasi fiabesca. Gli abitanti di Coloretta erano abituati a vedere arcobaleni incantevoli che si formavano nel cielo dopo ogni pioggia, ma nessuno aveva mai visto un arcobaleno come quello che stava per apparire.

Era una giornata di pioggia leggera, con le nuvole che dipingevano il cielo di grigio e il vento che sussurrava tra gli alberi. L'aria era fresca e profumata di terra bagnata, e i passanti si affrettavano a rifugiarsi sotto i portici delle case. Tra di loro c'era Camilla, una giovane donna con una passione per la fotografia e una curiosità innata per le meraviglie del mondo.

Camilla stava passeggiando lungo una strada lastricata di ciottoli, cercando di catturare con la sua macchina fotografica la bellezza della pioggia che cadeva sui tetti colorati. Mentre si preparava a scattare una foto, notò che le nuvole stavano cominciando a diradarsi e un leggero raggio di sole stava tentando di penetrare attraverso il cielo grigio.

In quel momento, qualcosa di straordinario accadde. Un arcobaleno apparve all'orizzonte, ma non era un arcobaleno qualsiasi. Era un arcobaleno particolarmente luminoso e splendente, con colori così vivaci e distintivi che sembrava quasi surreale. Ma c'era qualcosa di ancora più strano: l'arcobaleno sembrava formare un ponte visibile, che collegava due colline lontane.

Affascinata da questa apparizione, Camilla decise di seguire il ponte colorato. Si avventurò lungo un sentiero di campagna che si snodava verso le colline, con l'arcobaleno che sembrava danzare sopra di lei. Il sentiero era circondato da fiori dai colori brillanti e alberi secolari, e Camilla si sentiva come se stesse attraversando un mondo magico.

Mentre si avvicinava al punto in cui il ponte toccava terra, notò una piccola casa di legno, nascosta tra gli alberi. La casa era adornata con decorazioni colorate e sembrava emanare una luce calda e accogliente. Camilla si avvicinò e bussò alla porta, sperando di scoprire chi abitava in quel luogo incantevole.

La porta si aprì lentamente, e davanti a Camilla si trovava una donna anziana, con capelli bianchi come la neve e occhi luminosi come stelle. La donna indossava un abito di stoffa leggera e colorata e sorrideva calorosamente.

"Benvenuta," disse la donna con una voce dolce e melodiosa. "Sono Zia Rosalinda, e questa è la mia casa. Sei arrivata proprio in tempo per il nostro incontro speciale."

Camilla era stupita e incuriosita. "Incontro speciale? Cosa intende dire?"

Zia Rosalinda la invitò a entrare e le offrì una tazza di tè profumato. Mentre si sedevano davanti al camino acceso, Zia Rosalinda iniziò a raccontare una storia affascinante.

"Da secoli," cominciò Zia Rosalinda, "questo ponte di arcobaleno non è solo un fenomeno naturale, ma è anche un portale magico. Collega il nostro mondo con una terra incantata, un regno dove la bellezza e la creatività non conoscono confini."

Camilla ascoltava attentamente, mentre Zia Rosalinda continuava. "Ogni volta che appare un arcobaleno così luminoso, come quello che hai visto oggi, è un segno che la terra incantata è aperta per chiunque desideri entrare. Ma per attraversare il ponte, è necessario avere il cuore aperto e l'animo puro."

Camilla era perplessa ma affascinata. "E come posso attraversare il ponte? Cosa dovrei fare?"

"Per attraversare il ponte e visitare la terra incantata," spiegò Zia Rosalinda, "devi risolvere un enigma. Ogni visitatore deve scoprire il vero significato dell'arcobaleno e trovare il proprio posto in questo mondo magico. Solo allora potrai attraversare il ponte e vedere la terra incantata con i tuoi occhi."

Camilla accettò la sfida con entusiasmo. Decise di passare la notte a casa di Zia Rosalinda, preparandosi per l'avventura del giorno seguente. Durante la notte, osservò l'arcobaleno attraverso la finestra e si perse nei suoi colori straordinari, cercando di capire il suo significato profondo.

Il mattino seguente, con il cielo sereno e l'arcobaleno ancora visibile, Camilla si avviò verso il ponte. Mentre si avvicinava, notò che il ponte sembrava emettere una leggera musica, un suono melodioso che la guidava verso il centro. Ogni passo che faceva sembrava avvicinarla non solo al ponte, ma anche a una comprensione più profonda di sé stessa.

Quando raggiunse il centro del ponte, si trovò davanti a un grande specchio che rifletteva non solo il suo aspetto, ma anche i suoi sentimenti più profondi. Guardandosi nello specchio, Camilla vide immagini di momenti della sua vita, delle sue paure e delle sue speranze. Era come se lo specchio mostrasse il viaggio del suo cuore e della sua anima.

Improvvisamente, Camilla comprese che l'arcobaleno rappresentava l'armonia e l'equilibrio tra le sue emozioni e i suoi desideri. Il ponte era un simbolo di connessione tra il suo mondo e il mondo della magia, e per attraversarlo doveva accettare e abbracciare la sua vera essenza. Con questa comprensione, si sentì pronta a fare il passo finale.

Quando attraversò il ponte, Camilla fu accolta da un paesaggio meraviglioso e luminoso. La terra incantata era un regno di colori vividi, fiori giganti e creature fantastiche. Il cielo era un caleidoscopio di tonalità brillanti, e l'aria era piena di una musica dolce e incantevole.

Camilla esplorò il regno incantato con meraviglia, incontrando esseri straordinari e scoprendo luoghi magici. Ogni angolo del regno raccontava una storia, e ogni storia le insegnava qualcosa di nuovo su di sé e sulla bellezza del mondo.

Dopo una giornata di esplorazioni, Camilla si sedette in un prato fiorito e guardò il sole calare all'orizzonte. Si sentiva grata per l'esperienza che aveva vissuto e per la nuova prospettiva che aveva acquisito. Sapeva che l'avventura non era finita, ma che aveva appena iniziato a scoprire il vero significato della magia e della creatività.

Quando il sole scomparve e la notte avvolse il regno, Camilla si preparò a tornare a casa. Con un ultimo sguardo al paesaggio incantato e al ponte dei colori, si incamminò verso il portale che la riportava al suo mondo. Al suo ritorno a Coloretta, portò con sé una nuova ispirazione e una rinnovata gioia per la vita.

Camilla continuò a scattare foto e a creare opere d'arte, ma ora lo faceva con una consapevolezza più profonda e una connessione più forte con la magia del mondo. L'arcobaleno e il ponte dei colori divennero simboli di bellezza e ispirazione per tutti coloro che ascoltavano le sue storie e ammiravano il suo lavoro.

E così, Coloretta rimase una cittadina incantevole, dove la magia e la creatività continuavano a prosperare, e ogni arcobaleno che appariva nel cielo era un promemoria della meraviglia che esisteva oltre il mondo visibile.

The Bridge of Colors

In the picturesque town of Coloretta, known for its brightly colored houses and blooming gardens, life flowed with a nearly fairytale-like serenity. The inhabitants of Coloretta were used to seeing enchanting rainbows forming in the sky after every rain, but no one had ever seen a rainbow quite like the one about to appear.

It was a day of light rain, with clouds painting the sky in shades of gray and the wind whispering through the trees. The air was fresh and smelled of damp earth, and passersby hurried to take shelter under the porticos of the houses. Among them was Camilla, a young woman with a passion for photography and an innate curiosity for the wonders of the world.

Camilla was strolling along a cobblestone street, trying to capture with her camera the beauty of the rain falling on the colorful rooftops. As she prepared to take a photo, she noticed the clouds beginning to thin, and a faint ray of sunshine was trying to pierce through the gray sky.

At that moment, something extraordinary happened. A rainbow appeared on the horizon, but it wasn't an ordinary rainbow. It was exceptionally bright and vivid, with colors so intense and distinct that it seemed almost surreal. But there was something even stranger: the rainbow appeared to form a visible bridge connecting two distant hills.

Fascinated by this apparition, Camilla decided to follow the colorful bridge. She ventured along a country path that led toward the hills, with the rainbow seemingly dancing above her. The path was surrounded by bright flowers and ancient trees, and Camilla felt as though she were crossing into a magical world.

As she approached the point where the bridge touched the ground, she noticed a small wooden house nestled among the trees. The house was adorned with colorful decorations and seemed to emit a warm and welcoming light. Camilla approached and knocked on the door, hoping to discover who lived in this enchanting place.

The door slowly creaked open, and Camilla was greeted by an elderly woman with snow-white hair and eyes as bright as stars. The woman wore a light, colorful dress and smiled warmly.

"Welcome," said the woman with a sweet, melodious voice. "I am Aunt Rosalinda, and this is my home. You have arrived just in time for our special meeting."

Camilla was astonished and intrigued. "Special meeting? What do you mean?"

Aunt Rosalinda invited her inside and offered her a fragrant cup of tea. As they sat by the crackling fireplace, Aunt Rosalinda began to tell an enchanting story.

"For centuries," Aunt Rosalinda began, "this rainbow bridge has not only been a natural phenomenon but also a magical portal. It connects our world to an enchanted land, a realm where beauty and creativity know no bounds."

Camilla listened attentively as Aunt Rosalinda continued. "Whenever such a vivid rainbow appears, like the one you saw today, it is a sign that the enchanted land is open to anyone who wishes to enter. But to cross the bridge, one must have an open heart and a pure soul."

Camilla was puzzled but fascinated. "And how can I cross the bridge? What should I do?"

"To cross the bridge and visit the enchanted land," explained Aunt Rosalinda, "you must solve a riddle. Each visitor must discover the true meaning of the rainbow and find their own place in this magical world. Only then can you cross the bridge and see the enchanted land with your own eyes."

Camilla accepted the challenge with enthusiasm. She decided to spend the night at Aunt Rosalinda's house, preparing for the adventure the next day. That night, she watched the rainbow through the window and lost herself in its extraordinary colors, trying to grasp its deeper meaning.

The next morning, with the sky clear and the rainbow still visible, Camilla set out toward the bridge. As she approached, she noticed that the bridge seemed to emit a soft, melodious music, a sweet sound that guided her toward the center. Each step she took seemed to bring her closer not only to the bridge but also to a deeper understanding of herself.

When she reached the center of the bridge, she found herself in front of a large mirror that reflected not only her appearance but also her deepest feelings. Looking into the mirror, Camilla saw images of moments from her life, her fears, and her hopes. It was as if the mirror revealed the journey of her heart and soul.

Suddenly, Camilla understood that the rainbow represented harmony and balance between her emotions and desires. The bridge was a symbol of connection between her world and the world of magic, and to cross it, she had to accept and embrace her true essence. With this understanding, she felt ready to take the final step.

As she crossed the bridge, Camilla was welcomed into a wondrous and radiant landscape. The enchanted land was a realm of vivid colors, giant flowers, and fantastic creatures. The sky was a kaleidoscope of brilliant hues, and the air was filled with a sweet and enchanting music.

Camilla explored the enchanted realm with awe, meeting extraordinary beings and discovering magical places. Every corner of the realm told a story, and each story taught her something new about herself and the beauty of the world.

After a day of exploration, Camilla sat in a flower-filled meadow and watched the sun set over the horizon. She felt grateful for the experience she had lived and for the new perspective she had gained. She knew that the adventure was not over but that she had only begun to discover the true meaning of magic and creativity.

As the sun disappeared and night enveloped the realm, Camilla prepared to return home. With one last look at the enchanted landscape and the bridge of colors, she walked toward the portal that would take her back to her world. Upon her return to

Coloretta, she brought with her renewed inspiration and a deep joy for life.

Camilla continued to take photographs and create art, but now she did so with a deeper awareness and a stronger connection to the magic of the world. The rainbow and the bridge of colors became symbols of beauty and inspiration for all who heard her stories and admired her work.

And so, Coloretta remained an enchanting town where magic and creativity continued to thrive, and every rainbow that appeared in the sky was a reminder of the wonder that existed beyond the visible world.

Il Mistero del Faro Silenzioso

N el piccolo villaggio di Castellina, arroccato sulla cima di una collina affacciata sul mare, la vita scorreva con una calma che sembrava fuori dal tempo. Castellina era nota per il suo faro, un monumento solitario che si ergeva sopra le scogliere, guidando le navi con il suo faro luminoso nelle notti più scure. Tuttavia, c'era qualcosa di peculiare riguardo a quel faro, un segreto che pochi sapevano.

Il faro di Castellina era stato costruito secoli prima da un architetto geniale e un po' eccentrico di nome Lorenzo Fabbri. Lorenzo, che era noto per il suo amore per la matematica e la geografia, aveva progettato il faro con una particolare attenzione ai dettagli. Non solo era un'opera di straordinaria bellezza architettonica, ma era anche dotato di una serie di meccanismi e contraptions misteriosi che pochi potevano spiegare. Si diceva che il faro avesse un potere speciale, un'energia che influenzava le maree e le correnti del mare.

Il protagonista di questa storia è Marco Bellini, un giovane storico dell'arte, affascinato dai misteri del passato e dalla bellezza nascosta nei dettagli più piccoli. Marco aveva sentito parlare del faro di Castellina durante una conferenza di storia marittima e aveva deciso di visitare il villaggio per scoprire di più su questa curiosa struttura.

Arrivato a Castellina in una giornata di sole, Marco si diresse verso il faro, deciso a esplorarne ogni angolo e a scoprire il segreto che si nascondeva dietro il suo fascino enigmatico. Il faro si ergeva maestoso sulla scogliera, con le sue pareti bianche e la lanterna scintillante in cima. Marco notò subito che, sebbene il faro fosse operativo e il suo raggio di luce fosse visibile anche durante il giorno, emetteva una luce stranamente silenziosa.

Quando Marco si avvicinò al faro, fu accolto da un uomo di mezza età con capelli grigi e occhi penetranti. L'uomo era il custode del faro, il signor Emilio Rossi, noto tra i locali per la sua riservatezza e per le storie affascinanti che raccontava a chi avesse la fortuna di ascoltarle.

"Benvenuto," disse il signor Rossi con un sorriso gentile. "Mi chiamo Emilio Rossi. Non sono abituato a visitatori, ma è sempre un piacere parlare con qualcuno che ha un interesse sincero per il nostro faro."

Marco si presentò e spiegò il suo interesse per la storia del faro. Il signor Rossi lo invitò a fare un tour e a visitare l'interno dell'edificio, dove il meccanismo del faro era ancora in funzione.

Mentre percorrevano i corridoi del faro, Marco notò una serie di strumenti e macchine antiche, tutte con una precisione e una cura nella costruzione che parlavano dell'ingegno del loro creatore. Alla base del faro, Emilio Rossi spiegò che la luce emessa dal faro era così silenziosa perché era alimentata da un cristallo raro e prezioso, noto come "Luce di Luna," che era stato trovato in una caverna marina.

"Il cristallo," spiegò il signor Rossi, "ha una proprietà unica: emette una luce che sembra non produrre alcun suono, ma che in realtà ha un'influenza profonda sulle maree e sui venti. Lorenzo

Fabbri, l'architetto che ha costruito questo faro, era convinto che il cristallo avesse un legame speciale con le forze naturali."

Marco era affascinato, ma desiderava scoprire di più. Chiese al signor Rossi se c'era qualche altro mistero legato al faro che potesse indagare. Il signor Rossi sorrise misteriosamente. "C'è una leggenda," disse, "che parla di un segreto nascosto all'interno del faro, un enigma che solo qualcuno con un cuore puro e una mente acuta può risolvere."

Quella sera, Marco decise di restare al faro e di esplorarlo con calma. Con l'aiuto di una torcia e di una mappa che il signor Rossi gli aveva fornito, iniziò a ispezionare le stanze e i corridoi. Dopo alcune ore di ricerca, trovò una porta nascosta dietro un vecchio armadio. La porta era antica e coperta di polvere, ma sembrava emettere una leggera vibrazione quando Marco la toccò.

Con un po' di sforzo, Marco riuscì ad aprire la porta e si trovò davanti a una piccola stanza segreta. All'interno, c'era un antico scrigno di legno e un libro rilegato in pelle, apparentemente intatto nonostante il tempo trascorso. Marco aprì il libro e trovò una serie di diagrammi e appunti, scritti in una calligrafia elegante e intricata.

Il libro conteneva una serie di indovinelli e codici, tutti collegati al cristallo "Luce di Luna" e ai meccanismi del faro. Marco passò la notte a decifrare i codici e a risolvere gli indovinelli, guidato dalla luce silenziosa del faro che sembrava quasi influenzare il suo pensiero.

Quando l'alba iniziò a farsi strada nel cielo, Marco riuscì a risolvere il mistero principale. Scoprì che il cristallo "Luce di Luna" non era solo una fonte di luce, ma anche un potente strumento di equilibrio tra le forze naturali. Il vero segreto del faro era che Lorenzo Fabbri aveva progettato il faro non solo come una guida per i marinai, ma come un mezzo per mantenere l'equilibrio tra la terra e il mare, utilizzando il potere del cristallo per armonizzare le maree e i venti.

Marco riportò il libro e lo scrigno al signor Rossi, che era visibilmente emozionato. "Hai scoperto ciò che pochi hanno osato cercare," disse Emilio Rossi con un sorriso orgoglioso. "Il faro di Castellina non è solo una guida per i marinai, ma un custode dell'equilibrio naturale. Grazie alla tua dedizione e al tuo spirito indagatore, il suo segreto è stato rivelato e onorato."

Marco lasciò Castellina con una nuova comprensione e un profondo rispetto per il faro e il suo custode. Il faro rimase un simbolo di bellezza e mistero, un luogo dove la luce e l'ombra si intrecciavano per mantenere l'equilibrio tra il mare e la terra.

Quando tornò alla sua vita quotidiana, Marco continuò a esplorare e a scoprire misteri, ma il faro di Castellina e il suo segreto speciale rimasero nella sua mente e nel suo cuore come un ricordo prezioso. E ogni volta che vedeva un faro o un arcobaleno, si ricordava del mistero e della magia che aveva trovato a Castellina, un posto dove la luce silenziosa raccontava storie di equilibrio e armonia tra le forze naturali.

The Mystery of the Silent Lighthouse

In the small village of Castellina, perched atop a hill overlooking the sea, life flowed with a calm that seemed out of time. Castellina was known for its lighthouse, a solitary monument rising above the cliffs, guiding ships with its bright beacon on the darkest nights. However, there was something peculiar about this lighthouse, a secret known to few.

The Castellina lighthouse was built centuries ago by a brilliant yet eccentric architect named Lorenzo Fabbri. Lorenzo, who was known for his love of mathematics and geography, had designed the lighthouse with particular attention to detail. It was not only an architectural marvel but also equipped with a series of mysterious mechanisms and contraptions that few could explain. It was said that the lighthouse possessed a special power, an energy that influenced tides and sea currents.

The protagonist of this story is Marco Bellini, a young art historian fascinated by the mysteries of the past and the hidden beauty in the smallest details. Marco had heard about the Castellina lighthouse during a maritime history conference and decided to visit the village to learn more about this curious structure.

Arriving in Castellina on a sunny day, Marco headed toward the lighthouse, determined to explore every corner and uncover the secret behind its enigmatic charm. The lighthouse stood majestically on the cliff, with its white walls and shimmering lantern atop. Marco immediately noticed that, although the lighthouse was operational and its beam visible even during the day, it emitted a strangely silent light.

As Marco approached the lighthouse, he was greeted by a middle-aged man with gray hair and penetrating eyes. The man was the lighthouse keeper, Mr. Emilio Rossi, known among the locals for his reserved nature and the fascinating stories he shared with those fortunate enough to listen.

"Welcome," said Mr. Rossi with a gentle smile. "My name is Emilio Rossi. I'm not used to visitors, but it's always a pleasure to speak with someone who has a genuine interest in our lighthouse."

Marco introduced himself and explained his interest in the history of the lighthouse. Mr. Rossi invited him for a tour and to visit the interior of the building, where the lighthouse mechanism was still in operation.

As they walked through the lighthouse corridors, Marco noticed a series of ancient instruments and machines, all crafted with a precision and care that spoke of their creator's ingenuity. At the base of the lighthouse, Emilio Rossi explained that the light emitted by the lighthouse was so silent because it was powered by a rare and precious crystal known as the "Moonlight," which had been found in a sea cave.

"The crystal," Mr. Rossi explained, "has a unique property: it emits a light that seems to produce no sound, but actually has a profound influence on tides and winds. Lorenzo Fabbri, the architect who built this lighthouse, was convinced that the crystal had a special connection with natural forces."

Marco was fascinated but wanted to learn more. He asked Mr. Rossi if there were any other mysteries related to the lighthouse that he could investigate. Mr. Rossi smiled mysteriously. "There is a legend," he said, "that speaks of a hidden secret within the lighthouse, a puzzle that only someone with a pure heart and a sharp mind can solve."

That evening, Marco decided to stay at the lighthouse and explore it thoroughly. With the help of a flashlight and a map that Mr. Rossi had provided, he began inspecting the rooms and corridors. After several hours of searching, he found a hidden door behind an old wardrobe. The door was ancient and covered in dust, but it seemed to emit a slight vibration when Marco touched it.

With some effort, Marco managed to open the door and found himself in a small secret room. Inside, there was an old wooden chest and a leather-bound book, seemingly intact despite the passage of time. Marco opened the book and found a series of diagrams and notes, written in an elegant and intricate calligraphy.

The book contained a series of riddles and codes, all related to the "Moonlight" crystal and the mechanisms of the lighthouse. Marco spent the night deciphering the codes and solving the riddles, guided by the lighthouse's silent light that seemed to influence his thoughts.

As dawn began to break, Marco managed to solve the main mystery. He discovered that the "Moonlight" crystal was not just a source of light but also a powerful tool for maintaining balance between natural forces. The true secret of the lighthouse was that Lorenzo Fabbri had designed it not just as a guide for sailors but as a means to maintain balance between land and sea, using the crystal's power to harmonize tides and winds.

Marco returned the book and chest to Mr. Rossi, who was visibly excited. "You have discovered what few have dared to seek," said Emilio Rossi with a proud smile. "The Castellina lighthouse is not just a guide for sailors but a guardian of natural balance. Thanks to your dedication and inquisitive spirit, its secret has been revealed and honored."

Marco left Castellina with a new understanding and a deep respect for the lighthouse and its keeper. The lighthouse remained a symbol of beauty and mystery, a place where light and shadow intertwined to maintain balance between sea and land.

When he returned to his everyday life, Marco continued to explore and uncover mysteries, but the Castellina lighthouse and its special secret remained in his mind and heart as a cherished memory. And every time he saw a lighthouse or a rainbow, he remembered the mystery and magic he had found in Castellina, a place where silent light told stories of balance and harmony between natural forces.

Il Giardino Segreto di Nonna Rosa

Nel tranquillo villaggio di Borgo Serena, nascosto tra dolci colline e vigneti profumati, viveva una donna chiamata Nonna Rosa. Nonna Rosa era nota per il suo giardino, un luogo magico e misterioso che sembrava uscito da un libro di fiabe. Il giardino di Nonna Rosa non era solo un semplice insieme di fiori e piante, ma un mondo incantato pieno di segreti e storie dimenticate.

Nonna Rosa, ormai ottantenne, era una donna minuta ma vigorosa, con capelli argentati e occhi brillanti che riflettevano la saggezza di una vita ben vissuta. Ogni giorno, all'alba, si poteva vedere Nonna Rosa lavorare nel suo giardino, curando con amore ogni pianta e fiore. Ma ciò che rendeva davvero speciale il giardino di Nonna Rosa erano gli strani oggetti e le antiche reliquie che adornavano ogni angolo.

Il giovane protagonista della nostra storia, Leonardo, era un ragazzino di dieci anni, curioso e avventuroso. Viveva con i suoi genitori in una casa poco distante da quella di Nonna Rosa, e spesso passava i pomeriggi a giocare nei campi circostanti. Un giorno, mentre esplorava i dintorni, Leonardo si imbatté nel cancello del giardino di Nonna Rosa. La porta, semiaperta, sembrava invitare il ragazzo a entrare.

Spinto dalla curiosità, Leonardo varcò il cancello e si trovò in un mondo di colori e profumi che non aveva mai visto prima. I fiori brillavano in tutte le sfumature dell'arcobaleno, e le piante sembravano danzare al ritmo di una musica silenziosa. Mentre camminava tra i sentieri di ghiaia, Leonardo notò una vecchia statua di marmo raffigurante un angelo, con un'iscrizione alla base: "Custode dei Segreti."

Affascinato, Leonardo continuò a esplorare il giardino, trovando oggetti strani e meravigliosi: un antico orologio da tasca appeso a un ramo, una bussola arrugginita nascosta tra le foglie, e una collezione di chiavi di diverse forme e dimensioni. Ogni oggetto sembrava raccontare una storia, e Leonardo sentì un desiderio crescente di svelarne i segreti.

Mentre osservava una vecchia mappa incorniciata su un muro di pietra, sentì una voce gentile alle sue spalle. "Benvenuto, Leonardo," disse Nonna Rosa con un sorriso. "Vedo che hai trovato il mio giardino segreto."

Leonardo si girò, sorpreso e un po' imbarazzato. "Mi dispiace, Nonna Rosa. Non volevo invadere il tuo giardino senza permesso."

Nonna Rosa rise dolcemente. "Non preoccuparti, caro. Questo giardino è aperto a chiunque abbia il cuore aperto e la mente curiosa. Vieni, ti mostrerò qualcosa di speciale."

Nonna Rosa condusse Leonardo verso una piccola serra di vetro situata nel cuore del giardino. All'interno, c'era una pianta straordinaria, con foglie di un verde intenso e fiori che brillavano come gemme. "Questa è la Rosa dell'Alba," spiegò Nonna Rosa. "È una pianta molto rara, che fiorisce solo alla prima luce del mattino. Si dice che chi riesce a vedere il suo fiore in piena fioritura avrà un desiderio esaudito."

Leonardo guardò la pianta con occhi sgranati. "È bellissima. Ma come hai fatto a trovare tutte queste cose meravigliose, Nonna Rosa?"

Nonna Rosa sorrise misteriosamente. "Ogni oggetto in questo giardino ha una storia, Leonardo. Alcuni li ho trovati nei miei viaggi, altri mi sono stati donati da amici e parenti. Ma tutti hanno un significato speciale. E ora, vorrei che tu prendessi questo," disse, porgendo a Leonardo una piccola chiave d'argento.

"Questa chiave," continuò Nonna Rosa, "è la chiave dei segreti. Ti aiuterà a scoprire le storie nascoste nel giardino e, chissà, forse anche a trovare qualcosa di molto prezioso per te."

Leonardo prese la chiave con riverenza e gratitudine. Da quel giorno in poi, ogni pomeriggio, tornava nel giardino di Nonna Rosa, esplorando ogni angolo e cercando di svelare i misteri nascosti. Scoprì che ogni oggetto aveva una connessione con il passato di Nonna Rosa, con le persone che aveva incontrato e i luoghi che aveva visitato.

Un giorno, mentre cercava tra le antiche pietre di un muretto, Leonardo trovò un piccolo scrigno di legno. Usò la chiave d'argento per aprirlo e, con sua grande sorpresa, trovò un diario ingiallito dal tempo. Il diario apparteneva a Nonna Rosa, e conteneva i racconti delle sue avventure giovanili, dei suoi amori, delle sue amicizie, e delle sue scoperte.

Leggendo il diario, Leonardo sentì di conoscere Nonna Rosa in un modo nuovo e profondo. Scoprì che Nonna Rosa non era solo una donna anziana con un giardino incantato, ma una persona con un cuore avventuroso e una mente brillante. Le sue storie erano piene di saggezza e insegnamenti, e Leonardo sentì che stava imparando molto di più di quanto avrebbe mai potuto immaginare.

Una sera, al tramonto, Leonardo decise di parlare a Nonna Rosa del diario. "Nonna Rosa, ho trovato il tuo diario. Le tue storie sono incredibili! Non sapevo che avessi vissuto così tante avventure."

Nonna Rosa sorrise con affetto. "Sono felice che tu abbia trovato il diario, Leonardo. Ogni storia ha il potere di insegnare qualcosa, e io volevo che tu conoscessi la mia vita e i miei sogni. Ma ora, è tempo che tu scriva le tue storie e scopra i tuoi segreti."

Leonardo capì che Nonna Rosa gli aveva dato un dono prezioso: la chiave per scoprire non solo i segreti del giardino, ma anche quelli del suo stesso cuore. Continuò a visitare Nonna Rosa ogni giorno, imparando sempre di più e crescendo in saggezza e coraggio.

Quando Nonna Rosa si spense serenamente nel sonno, il giardino rimase un luogo di bellezza e mistero, un luogo dove le storie vivevano e le anime si incontravano. Leonardo, ormai adulto, divenne il nuovo custode del giardino, continuando la tradizione di accogliere chiunque avesse il cuore aperto e la mente curiosa.

Grandma Rosa's Secret Garden

In the quiet village of Borgo Serena, nestled among gentle hills and fragrant vineyards, lived a woman named Grandma Rosa. Grandma Rosa was known for her garden, a magical and mysterious place that seemed straight out of a fairy tale book. Grandma Rosa's garden was not just a simple collection of flowers and plants but an enchanted world full of secrets and forgotten stories.

Grandma Rosa, now eighty years old, was a petite but vigorous woman with silver hair and bright eyes that reflected the wisdom of a life well-lived. Every day at dawn, you could see Grandma Rosa working in her garden, lovingly tending to each plant and flower. But what truly made Grandma Rosa's garden special were the strange objects and ancient relics that adorned every corner.

The young protagonist of our story, Leonardo, was a ten-year-old boy, curious and adventurous. He lived with his parents in a house not far from Grandma Rosa's, and he often spent his afternoons playing in the surrounding fields. One day, while exploring the area, Leonardo came across the gate of Grandma Rosa's garden. The door, half-open, seemed to invite the boy to enter.

Driven by curiosity, Leonardo stepped through the gate and found himself in a world of colors and scents he had never seen before. The flowers glowed in every shade of the rainbow, and the plants seemed to dance to a silent rhythm. As he walked along the gravel paths, Leonardo noticed an old marble statue of an angel, with an inscription at the base: "Guardian of Secrets."

Fascinated, Leonardo continued to explore the garden, finding strange and wonderful objects: an old pocket watch hanging from a branch, a rusty compass hidden among the leaves, and a collection of keys of various shapes and sizes. Each object seemed to tell a story, and Leonardo felt an increasing desire to uncover their secrets.

While examining an old map framed on a stone wall, he heard a gentle voice behind him. "Welcome, Leonardo," said Grandma Rosa with a smile. "I see you've found my secret garden."

Leonardo turned, surprised and a little embarrassed. "I'm sorry, Grandma Rosa. I didn't mean to intrude into your garden without permission."

Grandma Rosa laughed softly. "Don't worry, dear. This garden is open to anyone with an open heart and a curious mind. Come, I want to show you something special."

Grandma Rosa led Leonardo to a small glass greenhouse in the heart of the garden. Inside, there was an extraordinary plant with deep green leaves and flowers that shone like jewels. "This is the Dawn Rose," explained Grandma Rosa. "It is a very rare plant that blooms only at the first light of morning. It is said that whoever manages to see its flower in full bloom will have a wish granted."

Leonardo looked at the plant with wide eyes. "It's beautiful. But how did you find all these wonderful things, Grandma Rosa?"

Grandma Rosa smiled mysteriously. "Every object in this garden has a story, Leonardo. Some I found on my travels, others were given to me by friends and family. But all have a special meaning. And now, I want you to take this," she said, handing Leonardo a small silver key.

"This key," continued Grandma Rosa, "is the key to the secrets. It will help you uncover the hidden stories in the garden and, who knows, maybe even find something very precious to you."

Leonardo took the key with reverence and gratitude. From that day on, every afternoon, he returned to Grandma Rosa's garden, exploring every corner and trying to unveil the hidden mysteries. He discovered that each object was connected to Grandma Rosa's past, with the people she had met and the places she had visited.

One day, while searching among the ancient stones of a wall, Leonardo found a small wooden chest. He used the silver key to open it and, to his great surprise, found a yellowed diary. The diary belonged to Grandma Rosa and contained tales of her youthful adventures, loves, friendships, and discoveries.

Reading the diary, Leonardo felt he knew Grandma Rosa in a new and profound way. He discovered that Grandma Rosa was not just an old woman with an enchanted garden but a person with an adventurous heart and a brilliant mind. Her stories were full of wisdom and lessons, and Leonardo felt he was learning much more than he could have ever imagined.

One evening at sunset, Leonardo decided to talk to Grandma Rosa about the diary. "Grandma Rosa, I found your diary. Your stories are incredible! I didn't know you had lived so many adventures."

Grandma Rosa smiled affectionately. "I'm glad you found the diary, Leonardo. Every story has the power to teach something, and I wanted you to know my life and my dreams. But now, it's time for you to write your own stories and discover your own secrets."

Leonardo understood that Grandma Rosa had given him a precious gift: the key to uncover not only the garden's secrets but also those of his own heart. He continued to visit Grandma Rosa every day, learning more and growing in wisdom and courage.

When Grandma Rosa peacefully passed away in her sleep, the garden remained a place of beauty and mystery, a place where stories lived and souls met. Leonardo, now an adult, became the new keeper of the garden, continuing the tradition of welcoming anyone with an open heart and a curious mind.

www.ingramcontent.com/pod-product-compliance
Lightning Source LLC
Chambersburg PA
CBHW052234150726
48002CB00003B/1428